सच

सच - कविता व सच्चाई का मिलन

DHRUVAN LADDHA

ISBN 978-93-5458-943-0

Published in India 2021 by Pencil

A brand of

One Point Six Technologies Pvt. Ltd.
123, Building J2, Shram Seva Premises,
Wadala Truck Terminal, Wadala (E)
Mumbai 400037, Maharashtra, INDIA
E connect@thepencilapp.com
W www.thepencilapp.com

DISCLAIMER: *The opinions expressed in this book are those of the authors and do not purport to reflect the views of the Publisher.*

Author biography

Dhruvan Laddhais a poet , lyricst , pranic healer and a person with a secular mindset.

Because of his different perspective and ability to understand or look at the world

with different angels , He likes to write about the harsh realities of the society !

I Dedicate this Book to My Grandfather - Late Shri Madan Madir

Thank You Ganesha for Your Priceless Blessings !

THANK YOU PAPA AND MUMMY FOR ALWAYS STANDING BY MY SIDE!

contact - dhruvan.laddha22@gmail.com

CONTENTS

पहला सच - लड़की होना आसान नहीं होता

पैदा होते ही बुरी खबर सी यह चुभती है

पोते की चाह मै

पोती की सासे याहा

घुटट्टी है !

रुकती है 500 की खर्ची

और 100 मै बदलती है

गालियां माँ - बहन से शुरू

और बेटी पे खतम होती है

लाड़कियों की ज़िंदगी

आसान नहीं होती है

होती है यहा लड़कों की

हर नजायस इच्छा भी पूरी

पूरी - पूरी रात बहार

माँ - बाप की आज्ञा न जरूरी

अधूरी सारी इच्छाएं

यह मन मै दबाती है

चाह खुले आसमा की

ज़िंदगी सुकड़ी गलियों

मैं बिताती है।

पैसों के लिए नहीं

तुमने पैदा किया इसलिए

साथ यह निभाती है !

जब भी दर लगता है

तो जीबा

सबसे पहले

माँ ही पुकारती है

लड़कियों की ज़िंदगी आसान

नहीं होती है

आसान नहीं होती है !!

धोती है बर्तन घर मैं

और बाहर

गंदी नज़रों का शिकार

रोज़ होती है

कपड़ों का दोष नहीं

यहा नज़रों मै हैवानियत

दिखती है

मिट्टी के तेल की

बोतले यहा

जिंदगिया

तबाह करती है

लड़कियों की ज़िंदगी आसान

नहीं होती है

आसान नहीं होती है

धूप से नहीं यहा स्कार्फ

लड़कों की नज़रों से बचने को

लगाती है !

रोती है अकेले मै....

वजह किसी को न

बताती है

रंग गोरा तो कर्ज़ हर दिन यह

चुकाती है ,

हा बोले तो

बंदी

वरना, माल के रूप

मै यह जानी जाती है !

मना करने की सजा,

फिर ज़िंदगी भर

यह चुकाती है !

लड़कियों की ज़िंदगी

आसान नहीं होती है

आसान नहीं होती है

लड़कों ज़िंदगी दोस्त बनाने

से पहले ही बोलती भाई है

कोन अछा ?

कोन बुरा ?

अभी समझ न

इनको आई है

इनके आगे कुआ

तो पीछे खाई है

कैफै मै कॉफी नहीं

लड़कों की अनघाई है

हर माह चार दिन

अछूतोह की ज़िंदगी

बिताई है

रैप होते केवल दो दिन

सबने मोमबतिया उठाई है

आसुओं को समैट

अपने मन मै दबाई है

शेरावाली रोए

ऐसी क्यू नोबत आई है

?????????????

क्यू क्यू क्यू

रैप होते ही कपड़ों पे

सवाल उठ ते है !

छोटे कपड़ों वाली

पे यहा सब इल्जाम

फुकते है !

लिख के दो !!!

सलवार सूट वाली के

कपड़े न फट ते है

रैप केसेस केवल

नेताओ का

AGENDA

बन बैठे है

पुलिस वाले FIR लिखने

से मना करदेते है

यहा इज्जत से ज्यादा

पैसों की इजजद किया करते है

दो दिन रोते है

फिर किसी और को यह

नोचते है

खरोंचते है

दबोच ते है

फिर उन सासों को

मरने की हालत मै

कही छोड देते है

लड़कियों के हूसन के

धंधे यहा होते है

धंधे यहा होते है !

अकेली कभी निकले

तो घर चार छोड़ने आते है

किसी से हस कर बात करलों

तो हजार सपने देखने लग जाते है

और कुछ बाते तो इस देश की बोहोत कमाल

लगती है . .....

विदेशियों को घूर

हिंदुस्तान की इज्जत रोज़

बिकती है

इंडिया मै जीन्स

शॉर्ट्स

OUT OF INDIA

के लिए बचाती

अकेली जो कोई लड़की निकले

तो उसके बाप

की सासे

अटकी रहती है

लड़कियों की ज़िंदगी आसान

नहीं होती है

आसान नहीं होती है

संभल जाओ

अवतार है

जितनी आजादी तुम्हें मिली

वो भी उसकी हकदार है

संभल जाओ राक्षसों

वो माँ काली का अवतार है

धन्यवाद धन्यवाद धन्यवाद

की कम से कम

मंदिरों मै नारी का

समान है

बाहर निकलते ही वो देखो

क्या माल है

कमाल है

तुम जानते नहीं उसस नारी

मै बसा

पूरा संसार है

नारी मै बसा , पूरा संसार है

- Dhruvan Laddha-

दूसरा सच - हम लायक नहीं इस आज़ादी के

जिस मिट्टी मै

शहीदों के रक्त

की सिंचाई हुई है

आज उसी मिट्टी मै

भाई - भाई के बीच

धर्मों के बीच

लड़ाई हुई है !

उन वीरों ने

जान देदी हमारे लिए

हस्ते हस्ते

और आज लोग

ज़िंदगी तबाह कर रहे

एक दूसरों की

कुछ पैसों के वास्ते !

हा हम लायक नहीं इस

आज़ादी के

हम लायक नहीं

आज़ादी के

उन अमर जवानों ने

जय हिन्द

का नारा बुलन्द रखा

उन अमर जवानों ने

आखरी सास तक

जय हिन्द का नारा

बुलन्द रखा !

और आज हम कमिया निकलते

थकते नहीं इस देश की

अखबार पढ़ते - पढ़ते

वो दिवाली पे घर न आए ,

सरहद पे खून की होली खेल रहे थे !

उनकी माँ ने अपने आसुओ से

दीप को जला दिया ,

और पिता बस

भारत माता की जय

बोल रहे थे

और आज हम अपनी ही दुनिया मै

मस्त होगाए ,

इस देश का पता नहीं !!!!

दिवाली पे रोशन होते है घर

उस रोशनी से ,

जिसने नजाने कितने घरों

के चीरागों को अस्थ किया !

हम बस बड़ाए जारहे खाता

पड़ोसी मुल्क का ,

जिसने हमारी दहलीज पे आके

अपना हक जमा लिया

हम सस्ती चीजों का लोभ

छोड़ न पाए ,

उस ड्रैगन को मुह तोड़ जवाब

दे न पाए . .

और तुम कहते हो ,

तुम लायक हो इस आज़ादी के

माफ करना!

हम लायक नहीं इस आज़ादी के

हम लायक नहीं इस आज़ादी कें

तुम्हारे लिए वो सिर्फ शहीद होंगे

तुम्हारे लिए वो सिर्फ शहीद होंगे

मेरे लिए वो भगवान से कम नहीं !

जिसने हस्ते हस्ते - अपने रक्त को इस मिट्टी मै मिल दिया

जिसने हस्ते हस्ते - अपने रक्त को इस मिट्टी मै मिल दिया

मै तो बस इतना जनता हु , वो **इंसान** नहीं हो सकते !!

वो देश प्रेमी , जो पूजते थे इस मिट्टी को माँ की तरह ,

और कोई परिचय पूछे तो फक्र से हिन्दुस्तानी बोलते थे !

और आज हम भाग रहे है

भाग रहे है

भाग रहे है

इस दुनिया की अंधी दौड़ मै !

और हमने अपने ही हाथों

हमारी संस्कृति को कही

दफ़ना दिया , दुनिया की नकल करते करते !!

यह दुनिया कर्ज़दान है हमारी

हमने इन्हे जीने का सलीका सिखाया है

वो अलग बात है !!!!!

हम खुद ही भूल गए

बाकी सबने अपनाया है

एक प्रशन है आप लोगों से

के केवल दो दिन ही क्यू हम

इस देश के नाम करते है

व्हाट्सअप पे स्टैटस ,

इंस्टा पे स्टोरी ,

दिखावटी प्यार करते है !

यह देश हम से है , और हम इस देश से है

यह जान लो !

इतना स ही तो प्यार मांग है

भारत माता ने ,

उन्हे इतना तो प्यार दो !!!!

बात यह है की आज़ादी की कीमत

हमने नहीं दी ,

इसलिए हम लायक तो नहीं

इस आज़ादी के !

मगर

अब आज़ादी चाइए इस देश को से भ्रष्टारचार से

आज़ादी चाइए इस देश को

तंबाकू के व्यापार से

आज़ादी चाइए इस देश को भूकमरी से

महामारी से , लाचारी से

आज़ादी चाइए इस देश को

धर्मों की लड़ाई से

हुमने आज़ादी को बोहोत सस्ता

समझ लिया है ,

मगर अब भी देर हुई नहीं है ,

१०० मिल की धुरी भी ,

एक कदम से शुरू हुई है !

आओ

हम सब साथ मिलकर

एक नई जंग छेड़ दे

जिस भारत की कल्पना करते है

जिस **अखंड भारत** की कल्पना करते है

उसे सच करदे !

जय हिन्द

- DHRUVAN LADDHA -

तीसरा सच - हर मुस्लिम आतंकवादी नहीं होता

यह कविता एक सची घटना पे आधारित है

हमारे कुछ करीबी , जो मुसलमान है

वो जब जयपुर आए अपने गाँव से ,

उनके लिए किराये का घर

देखना , एक बोहोत बड़ी चुनोती बन गया था !

वजह - **वो मुस्लिम थे**

अपने बचों के बैहतर भविष्य के लिए

अपना गाँव छोड़ ,

शहर के तरफ वो बढ़े थे ,

लेकिन

किराये का घर न मिला ,

मुस्लिम जो ठेरे थे !

हर शर्त मानने को तयार थे

थोड़ा झुकने से भी न कतराए वो

लेकिन लोगों की सोच थोड़ी

छोटी है

वो सोच न उठा पाए वो

एक घर - न ढूंढ पाए वो !

एक घर - न ढूंढ पाए वो !

लेकिन एक घर मिला

जिसमे शर्तें हजार थी

हर वक़्त

हर पल

वो मुस्लिम है

इस बात का अहसास थी

पैसे लेके भी

जैसे कोई अहसान किया हो !

वो अहसान गिनाया करते थे

हिन्दुस्तानी नहीं पहले वो मुसलमान है

यह बात दोहराया करते थे !

यह बात दोधराय करते थे !

हिन्दू मुस्लिम नहीं

इंसान बनके

इंसान की तकलीफ सांझनी चाइए

उन्हे बोल देते हो तुम

जहा तुम्हारा कोम्ब रहता है

तुम्हें वही पे रहना चाइए

अरे तुम होते कोन हो जिसने

भगवान को खुदा से अलग मान

लिया है

तुम होते कोन हो

जिसने भगवान को खुदा से अलग मान लिया है

अगर मान लिया है !

तो खुदकों इंसान कैसे मान लिया है

खुदकों इंसान कैसे मान लिया है

-DHRUVAN LADDHA-

चौथा सच - धरती चीला रही है

हवा रो रही थी

धरती चीला रही थी !

हवा रो रही थी ,

धरती चीला रही थी !

चुप कराने के लिए मैंने एक

पोधा लगा दिया !

लागते ही हवा का ज़हर

घबरा गया !!!

उसने बोला मुझे

अरे पैदा ही तुम लोगों ने किया है ,

अब मुझे क्यू मारना चाहते हो ?

आज पेड़ लगा रहे हो

क्यू ????

कल उसे काटने के लिए !

चुप कराने के लिए मैंने एक

मै समझ गया

की हमारी ही गलती है

जो हवा मुफ़्त थी

आज उसकी

कीमत देनी पढ़ रही है

मैंने जवाब दिया

मै पोधा नहीं ,

ज़िंदगी लगाने आया हु ,

धरती माँ से माफ़ी ,

मांगने आया हु !

माफ़ी मांगने आया हु !

- DHRUVAN LADDHA -

पाचवा सच - हम आधुनिक रोशनी के गुलाम

उठ ते ही सुबह आजकल ,

हम सूरज की किरणों को छोड़ ,

आधुनिक रोशनी

को गले लगाते है !

अपनों का पता नहीं

मगर जो धूर है

उनकी हर बात

जानते है !

रोते कितना अकेले मै है ,

पर एक झूठी मुस्कान (EMOJI)

भेज असलियत को छिपाना

चाहते है !

पढ़ाई तो कागज के टुकड़ों से भी होसक्ती है,

पर हर पल ध्यान भटकना चाहते है !

दर्पण की असलियत छोड़ ,

वहम मै ही खुदको सवारना

चाहते है !

असलियत मै चाहे कोई न साथ हो ,

मगर हजारों , नामों मै खुदकों ,

डुबोना चाहते है!

बिस्तर पे बैठ के,

कान बंद करके,

सब कुछ भुलाना चाहते है!

माँ की ममता को भूल , आधुनिक जगत मै जाना चाहते है !

आँखे चाहे नम , ही क्यू न पढ़ जाए ,

अनमोल आँखों को खो ,

बस २ पल की खुशिया पाना चाहते है।

चाँद की चाँदनी

कितनी ही खूबसूरत क्यू न हो,

हम फिर भी आधुनिक रोशनी मै ,

खोना चाहते है ।

गुलामी की जैसे आदत है इस देश को !

दुनिया के पीछे भागते - भागते ,

हम खुदकों ही खोना चाहते है !!

शरीर की तो बात छोड़ ही दो ,

हम दीमाग से बँधवा ,

होना चाहते है !

हम इस आधुनिक रोशनी मै खोना चाहते है ,

खोना चाहते है ....बस खोना चाहते है !!

- DHRUVAN LADDHA -

छठा सच - दोस्ती एक इबादत

इसमे कोई शक नहीं , की ज़िंदगी मै

दोस्तों का होना , खुदा की रहमत है !

मगर आजकल , इस रफ्तार भरी ज़िंदगी मै ,

हम कुछ बोहोत कीमती दोस्तों को भूल जाते है!

और कुछ दोस्त बिना कुछ कहे, हमारी ज़िंदगी से धूर चले जाते है ,

यह कविता उन दोस्तों के नाम !

जो इतने करीब थे ,

नाजाने कब इतने धूर होगाए,

हुमने भी ध्यान न दिया,

और वो भी अपनी ज़िंदगी मै मशरूफ़ होगाए!

उनके साथ बिताए उस समय ,

को कही सजाना चाहता हु !

वो हमे भूल चुके ,

और मै भी अब उन्हे भूलना चाहता हु !!!

पर

आखरी बार मिल लेते ,

क्या गलती थी ? बता देते ,

जो गलती न करी ,

उस गलती की भी माफ़ी ,

मांगना चाहता हु !!

बस एक बार , उन दोस्तों से मिलना चाहता हु ,

उन दोस्तों से , मिलना चाहता हु !!

-DHRUVAN LADDHA -

सातवा सच - यह दुनिया एक माया है , रोशनी ने सच्चाई को दबाया है

कभी दुनिया की असलियत ,

जाननी हो तो ,

अंधेरे मै बैठ जाना ,

अपने हाथों को ,

निहारना

अपने चेहरे पे,

इतराना

तुम जान जाओगे ,

की तुम कुछ नहीं हो ,

कुछ नहीं हो ,

कुछ नहीं हो ,

सिवाय इस अंधकार के

इस रोशनी से भरी दुनिया मै

अपनी असलियत

मत भूल जाना !!

-DHRUVAN LADDHA

ONE LINERS

प्यार भरी बातें

आप लोग सोच रहे होंगे , की कैसा कवि है ? केवल बड़ी - बड़ी बातें करता है ,

हमने यह किताब मनोरंजन के लिए पढ़ना शुरू किया था !

जो अब तक शायद कही मिला नहीं !

तो आप सभी पाठकों , जिसने इस किताब को पढ़ा ,

और मेरे प्रयास को सफल किया !

मै आपका बोहोत , बोहोत आभारी हु ,

आप के मनोरंजन के लिए कुछ पंकटिया ,

जिनका आप लुफ़त उठा सकते है

हर हकीकत की , हकीकत यही है ,

मेरी चाँद तारों तक , पोहोच नहीं है ,

लेकिन , अगर इश्क के लिए ,

उन्हे फलक से जमीं पे लाना ,

एक इम्तेहान है ?

तो फिर रहने दीजिए , हमे ऐसी

डिग्री की जरूरत नहीं है !!!!

जहा बदले मै किसी चीज की चाह हो,

उसे व्यापार कहते है ,

और जहा केवल , देने ,

देने , बस देने का भाव हो ,

उसी को सचा प्यार कहते है

गलती है मेरी , जो खवाइश तुम्हारी है

और गलती है तेरी ! जो खवाइश तुमहरी है !!

एक तरफ़ा प्यार -

और कुछ एक तरफ़ा , इश्क करने वाले

महबूब के किसी और के पास ,जाते ही जला करते है,

वो इसे इश्क कहते है , पर हम इसे दगा कहते है ,

कुछ कहना है मुझे उनलोगों से ,

वो कसी के भी पास रहे , बस खुश रहे !

उसकी खुशी ,मै खुदकी ढूँढने को ही

सचा प्यार कहते है !!

खुदकी खुशी से ज्यादा , उसकी खुशी की परवाह कर्ली

यह वो ही गलती है , जो कल तुमने करी थी , आज मैंने करली !!

जबसे काटो का दर्द पता चला , तबसे खुशबू गुलाब से नहीं
आती ,

शायद नियम है , इस जहां का , जो कदर करे ,

उसकी कदर नहीं की जाती !!!!

यू शराब को न दोष दो ,

यह नशा तुम्हारा है ,

चाँद रूठ गया ,

जबसे देखा चेहरा तुमहरा है !!

यू हूसन की चमक पे न इतराओ ,

अभी , वाह नजर नहीं गई ,

तुम्हारी रूह . . . का तेज यू भागया ,

की कोई कसर नहीं रह गई

वो हमारी मोहोबत का मजाक उड़ाते रहे ,

हमने फिर भी प्यार किया ......

ताकि वो मुसकुराते रहे !!

Printed by Libri Plureos GmbH in Hamburg, Germany